不应重复

博 物 之 旅

文明的传承

文化

芦 军 编著

安徽美术出版社

全国百佳图书出版单位

图书在版编目（CIP）数据

文明的传承：文化/芦军编著.—合肥：
安徽美术出版社，2016.3（2019.3重印）
（博物之旅）
ISBN 978-7-5398-6681-9

Ⅰ.①文… Ⅱ.①芦… Ⅲ.①文化史—中国—少儿读物
Ⅳ.①K203-49

中国版本图书馆CIP数据核字（2016）第047092号

出版人：唐元明　　　　　责任编辑：程　兵　史春霖
助理编辑：吴　丹　　　　　责任校对：方　芳　刘　欢
责任印制：缪振光　　　　　版式设计：北京鑫骏图文设计有限公司

博物之旅

文明的传承：文化

Wenming de Chuancheng　Wenhua

出版发行：安徽美术出版社（http://www.ahmscbs.com/）
地　　址：合肥市政务文化新区翡翠路1118号出版传媒广场14层
邮　　编：230071
经　　销：全国新华书店
营 销 部：0551-63533604（省内）0551-63533607（省外）
印　　刷：北京一鑫印务有限责任公司
开　　本：880mm × 1230mm　1/16
印　　张：6
版　　次：2016年3月第1版　2019年3月第2次印刷
书　　号：ISBN 978-7-5398-6681-9
定　　价：21.00元

目录

目 录

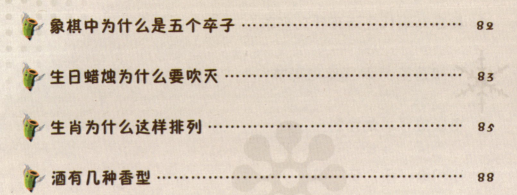

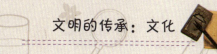

"山是一尊佛，佛是一座山"指哪里

　　大家一定都猜到了，是四川的乐山大佛。但是你们知道为什么把乐山大佛说成"山是一尊佛，佛是一座山"吗？

　　乐山大佛真名叫弥勒佛，高达71米，头部14.7米，耳长7米，耳朵眼里可以站两个人呢。大佛的双肩宽为28米，脚背上足足可以坐百人，或者可以停放20多辆小轿车。大佛不但

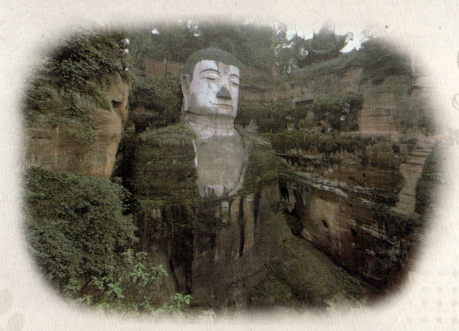

形状巨大，而且由于依凌云山西壁的悬崖雕凿而成，使大佛与山结为一体。乐山大佛的背部与山壁相连，从江面望去，看到的是身披袈裟的弥勒佛，袒胸赤足，双手扶膝，倚山远望。它的头与山齐，脚踏大江，雍容大度，气度不凡。见过乐山大佛的人都会有"山就是佛，佛就是山"的感觉。

乐山大佛的开凿历时 90 年，其间经历了四代帝王。据《嘉州凌云寺大佛像》记载：唐朝时，凌云寺的海通和尚见凌云山前的岷江、青衣江和大渡河三江汇合之处水流湍急，波涛汹涌，经常发生翻船溺水事件，他就发誓要在凌云山上凿一尊大佛，以镇水患。开元元年

（713年），他将20年化缘所得之钱用于大佛的开凿，但大佛没造成，海通和尚就去世了。贞元初年（785年），韦皋任剑南川西节度使，继续修凿大佛，朝廷也给予了支持，终于在贞元十九年大功告成。乐山大佛显示了盛唐的雕刻风格，也体现了能工巧匠的聪明才智。

你知道沙漠里的明珠
——敦煌莫高窟吗

　　甘肃省西北部的武威、张掖、酒泉、敦煌等地，因位于黄河之西、青海和内蒙高原之间的狭长地带上，故有"河西走廊"之称。这里是我国古代通往西域的交通要道——"丝绸之路"

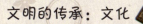

的要塞，当地的经济、文化曾经有过一段相当繁荣的时期。印度的佛教传入中国、张骞出使西域、玄奘西行取经……都要经过这里。由于当时的统治者大多崇信佛教，因此"河西走廊"上的石窟遗迹很多，其中最著名的就要数敦煌莫高窟了。

莫高窟又称千佛洞，位于"河西走廊"的西端，它开凿于公元4世纪至14世纪，至今保存完好的包括北朝、隋、唐、宋、

西夏、元等各朝代的洞窟共 492 个，塑像 2400 余尊，壁画约 45000 平方米，是我国最大的古典艺术宝库。

据说前秦建元二年（366 年），一个和尚西游至敦煌的鸣沙山，当时已近黄昏，太阳即将沉落在茫茫无际的沙漠中，但这个和尚还没有找到落脚之处。他正在发愁，突然眼前出现了一个奇异的景象：鸣沙山在一片金光中化为千佛之状。和尚被这个奇景震撼了，心想这一定是个圣地。于是发愿要在这绿洲之畔开凿洞窟。莫高窟的第一个石窟就是这样诞生的。从此以

后，洞窟的开凿和寺院的兴建日盛，形成了经历千年不断修造而成的莫高窟。唐初，莫高窟中的石窟据统计达 1000 多个，因而又被称为"千佛洞"。

历史过去了 1600 多年，莫高窟历经沧桑，早期的石窟造像已所存无几，但魏晋时代所塑的佛像至今还完好无损地保存了 318 尊。

你知道丹麦美人鱼吗

在丹麦首都哥本哈根的海滨公园里，有一尊少女的铜像。这个少女没有腿，只有一条鱼尾，她坐在一块石头上，凝望着大海，脸上露出沉思、向往而又略带忧郁的神色。这就是闻名全球的丹麦美人鱼。

美人鱼铜像是根据世界著名作家安徒生的童话《海的女儿》塑造的。童话描写了一个动人的故事：一位人身鱼尾的海公主为了追求爱情，不惜牺牲自己的一切，

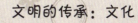

用舌头换来巫婆的一剂药，以便脱去鱼尾变成人。她服药醒来后果然发现鱼尾已变成一双敏捷的腿，这时有一个年轻英俊的王子正站在她面前，打量着她……但是王子最后却要同一个邻国的公主结婚，海公主很伤心。有人告诉海公主，如果她想恢复成无忧无虑的"海的女儿"，就得在王子结婚的早上，用刀刺进王子的胸膛，让王子的热血流到她的腿上，这样她才能再把双腿变成鱼尾。然而海公主不愿伤害王子，她自己投进大海，化成了泡沫。

海公主的善良品德和牺牲精神打动了千千万万读者的心。丹麦人为了纪念这位童话人物，同时也为了纪念作家安徒生，特地在海边立了这尊铜像。丹麦人民不仅把这尊铜像视作宝贵的艺术作品，还把它作为国家的标志和民族精神的象征。

你知道维纳斯雕像吗

维纳斯是希腊神话中的女神。欧洲的古典艺术家们为描绘维纳斯，创作了许多作品，其中最著名的是一座叫作《米洛的维纳斯》的石雕。1820 年，在希腊本土和克里特岛之间的米洛岛的山洞里，人们发现了这尊精美的雕像。它是古希腊艺术家的杰作。

后来，雕像被法国军队抢走并送到了巴黎的卢浮宫，但被弄

断了双臂。这座雕像一经展出立即引起轰动，被誉为世界艺术珍品。后来曾有许多艺术家试着恢复雕像双臂的原貌，却没有一个能做到协调、自然，从此，人们更加佩服古代艺术家的高超才艺。如今，人们已将断臂的维纳斯视作完美艺术的化身，也许给她配上双臂的努力永远也无法成功了。

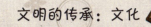

摄影是如何发明的

摄影其实是从小孔成像发展而来的。

我国古代墨家学派的代表人物墨翟曾带领他的学生做过世界上最早的小孔成像实验。到了16世纪后半叶，人们开始在全黑房间的墙壁上打孔并装上凸透镜，从另一侧的墙壁上欣

赏室外的彩色景物。当时，这是一种公共场所的娱乐活动。从17世纪开始，一些小型的装有凸透镜的暗箱被艺术家们用来作为绘画的辅助工具。

一直到1826年，法国人N.尼普斯才利用暗箱拍摄出世界上第一张照片。他用巴黎光学机械商休瓦利

制作的"照相机"（即光学暗箱），在暗箱里放入一块铅锡合金板，板上涂有油溶的白沥青，对准自己工作室窗外的一个鸽子棚，曝光了8个小时，才拍下了这张被永久保存下来的《鸽子棚》。他的这种摄影方法被称作"阳光摄影法"。但他拒绝公开全部研究成果，因而他的发明未获得世界承认。

　　现代公认的摄影术是法国艺术家 L.达盖尔在 1839 年发明的。他将他的"银板摄影术"公布于世，人们为了纪念他，把这种方法称为"达盖尔摄影术"。直到今天，我们使用的摄影技术仍是达盖尔银板摄影术发展而来的。

我国最早的摄影画报是什么

1912年出版的《真相画报》是我国最早的摄影画报，它由参加辛亥革命的资产阶级革命派同人所主办。主编高奇峰是岭南画派的开山鼻祖。

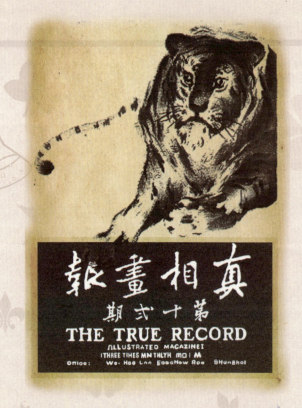

该画报以摄影为主，包括时事新闻、重大新闻事件、风景名胜、人物纪传体的摄影等。它是一个以摄影为武器的进步的政治性综合刊物。创刊号上的第一巨幅照片《形式写真画》反映的是武汉三镇。这张照片是寓有深意的，因为武昌起义揭开了辛亥革命的序幕，通过照片可使人们对这个兵家必争之地有一个全貌上的了解。此外，还有孙中山致祭黄花岗，广东军民、学生致祭72烈士等照片。同时也刊登了反映农民"度岁之苦"，灾民衣不蔽身、食不果腹的惨状的照片。这些照片图像清晰、动感强，是很好的新闻照片，也是我国较早报道工农群众生活情况的新闻照片。

什么是中国画

　　中国画以墨石颜料为主，矿石颜料为辅，采用各式毛笔在特制的宣纸或绢上绘画。它是中华民族创立的一种绘画艺术，已有两千多年的历史，形成了独特的民族风格和东方艺术魅力。

　　中国画的基本画法可分为工笔和写意两大类。在题材上有人物、山水、花鸟三大类。其风格是不求形似而求神似，"贵情思而轻事实"，要求"意在笔先，画尽意在"。

中国画的基本技法就是用笔、用墨、用水、用色。随着时代的发展，各种画派都在不断地推陈出新。中国画也吸取了一些新的技法，

不断地探索各种创作方法，使这一古老的画种有了更加丰富多彩的面貌。

另外，中国画与中国书法、诗文及篆刻紧密结合，形成了一种诗、书、画、印结为一体的独特艺术形式，极大地提高了中国画的艺术价值。中国画多有题跋，题跋可为诗、词、赋、佳句、感想等。这些题跋是用书法来表现的，书法的优劣直接影响到画的质量。书法题跋是中国画构图的一部分，可起调节、

衬托画面的作用。印章在中国画中起到丰富画面、提神之作用，可谓"万墨丛中一点红"，除与画面内容相呼应外，其本身也有很高的艺术价值。

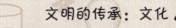

什么是水彩画

　　水彩画是绘画艺术中流传较为普遍的一个画种。由于其绘画工具简单、使用方便，画法又与中国画有类似之处，所以水彩画在我国易于普及。

　　水彩画是以水调和透明的颜料，在特制的纸上画画儿的艺术。它画面透明、湿润、轻快，非常适宜表现阳光、水、湿润的大气、建筑物及大自然的风景，能很好地描绘光与色，使大自然呈现出勃勃

生机，激发起人们对大自然的热爱。

水彩画的颜料有管装的和固体块状之别。水彩画的纸要结实，吸水性适度，有一定的厚度和良好的质地。对画笔的要求是笔头富有弹性，有一定的含水量。

水彩画的基本技法有干画法和湿画法。由于水彩画与水密切相关，所以水分的运用是绘画的关键。水分过多则形体模糊，水分过少则色块衔接生硬，画面不够湿润流畅。

水彩画具有独特的风韵和魅力，可以很好地表现画家对大自然的感受和心情，画面往往能给人一种心旷神怡、淋漓尽致的感觉。

什么是油画

　　油画是欧洲人大约在公元 10 世纪发明的，经过各方面的改进，终于在公元 15 世纪形成了油画艺术。

　　油画是用油质颜料在布、木板、厚纸和墙壁上绘制而成的图画。它有其自身的特点：色彩丰富，表现力强，最能再现世界的真实；颜料覆盖力强，便于修改，作画自由；色彩稳定，不易霉变，可长期保

存等。油画已成为绘画艺术中最重要的画种之一，在全世界普遍流行。许多世界名画中重要的、著名的绘画题材都是用油画来表现的。

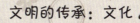

什么是版画

版画是使用各种不同的刻刀和笔，在木板、石板、铜板、麻胶板、纸板等上面进行刻画，并用药水进行腐蚀，使之产生凹凸的刻纹与刀痕，再通过油墨印刷，便可直接得到多幅原作的一种绘画方式。

现代版画种类很多，一般可分为黑白版画和套色版画两种。根据版画使用材料的不同，又可分为木版版画、铜版版画、石版版画、麻胶版版

画、纸版版画等数种。同时可根据对版面处理的方法，分为凸版版画、凹版版画、平版版画、漏胶版画。木版版画、麻胶版版画、纸版版画属凸版版画，铜版版画属凹版版画，石版版画属平版版画，丝印画属漏胶版画。还有一种独幅版画，即以油彩、油墨、水粉等直接画在玻璃、塑料等光滑的版面上，然后只此一次地复印到纸上，这种版画有它独特的风貌。

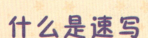

什么是速写

如果你是一个想提高绘画技巧的人，那么你尽快学习速写吧！因为速写有利于培养画家敏锐的观察能力、形象记忆能力和概括表现能力。经常练习速写的人，可以很快抓住描述对象的特征。那么，什么是速写呢？速写就是在现场以较短的时间，用简练的、概括的笔法，将周围的人物、场景及生活片段等记录下来的绘画方式。

速写按工具材料来分的话，通常分为钢笔

速写、炭笔速写、铅笔速写、水彩速写、油画速写等。而速写本身也是一种美术创作形式。一幅思想性、艺术性很高的速写，和其他优秀艺术作品一样，可以给人美的享受，具有永恒的艺术魅力和审美价值。

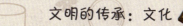

什么是素描

　　素描是美术创作的造型基础，是国画、油画、版画、雕塑等的基本训练手段和基本表现手段。作为绘画方式的一种，素描可以用来画习作，也可以搞创作，其本身同样具有独立的艺术价值。

　　素描一般使用单色的笔，如铅笔、木炭条、钢笔等，以线条和明暗变化在纸上表现对象。素描的题材一般有静物、风景和人物。

　　初学绘画的人，一般都要从素描学起，而学习素描就必须懂得透视原理，必须会立体地、写实地描述客观

对象。

　　欧洲文艺复兴以后逐步形成的写实主义素描体系，是当前世界上影响最大、最流行的一种素描方法体系。它强调忠于视觉真实的、科学规律的严格造型训练，用分析问题和解决问题的能力最有效地培养观察能力和艺术的概括能力，为美术家日后艺术个性的发展奠定造型能力的基础。

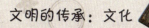
我国历史上有哪些著名画家

中国数千年文明史中，出现过许多杰出的画家。他们的笔墨随时代的发展而发展，共同勾画了独具特色的国画历史风貌。

顾恺之，东晋晋陵郡（今江苏无锡）人。他是一个学识渊博、多才多艺的人，艺术上精于绘画。他有"点睛"的绝技，而且还是绘画多面手，对山水、花卉、走兽、禽鸟、鱼龙等无不擅长。顾恺之绘画作品的存世摹本有《女史箴图》《洛神赋图》《列女仁智图》等。顾恺之不但是杰出的画家，而且还是我国历史

上第一个伟大的绘画理论家。他的绘画理论著作现存的有《论画》《魏晋胜流画赞》和《画云台山记》三篇。

吴道子，唐高宗时期（686年左右）生于阳翟（今河南禹县）。吴道子一生创作较多，绘画兼擅各种题材，人物、山水、花鸟、走兽、鱼龙等，无不精妙。他最擅长的是画道、释人物，画仙女也极生动。他是一位多才多艺的大画家，不仅创作了众多著名的壁画，而且也画了不少著名的卷轴画，还擅长雕塑。

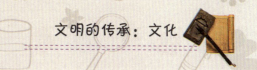

董源，五代南唐钟陵（今江西进贤）人。董源对山水、人物、花鸟、鱼龙、牛虎都很擅长，是个全才。他的人物画主要作品有《夷光像》《孔子哭虞丘子》《长寿真人像》《雪坡钟馗图》《渔舟图》《渔夫图》《采菱图》《牧牛图》等。他画虎画龙也别具一格，主要作品有《水石吟龙图》《风雨出蛰龙图》《出洞龙图》等。董源绘画成就最高的是山水画，主要作品有《潇湘》《龙宿郊民》《夏景山口待渡》《夏山》等。

范宽，北宋著名山水画家。他的艺术成就主要体现在笔墨技法上的独创性和高度成熟性。传世的范宽画真本有《溪山行旅》《雪景寒林》《雪山萧寺》等。

　　李唐，南宋画家，河阳（今河南孟州）人。他对山水、人物、林木、竹石、禽兽，几乎无一不精，其中造诣最深、影响最大的是他的山水画，其次是人物画。李唐的存世作品，山水画有《万壑松风图》《江山小景图》《长夏江寺图》等，人物画有《晋文公复国》《采薇图》等。除山水画、人物画以外，李唐画牛也被世人称道。

　　黄公望，元代最杰出的画家，他的山水画代表作品有《富春山居图》《剩山》《九峰雪霁》《陡壑密林》《浮峦暖翠》《丹崖玉树》《雨崖仙观》《快雪时晴》《富春大岭》等。

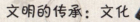

　　徐渭，浙江山阴人。他是明代后期一位个性强烈、品格突出的杰出文学家和艺术家。在他所擅长的各种艺术技艺中，成就最为杰出的当数绘画。他的画突破了传统绘画思想，借物抒情，舍形求韵，笔墨生动。他是一位全能的画家，人物、山水、花鸟无不精通，尤以花鸟画得最好。

　　陈洪绶，浙江诸暨人，明末清初杰出的人物画家。他吸取了传统绘画的精华，博采众长，又融入新机，对各种绘画题材无一不精，精妙入微。他的人物画有《屈子行吟图》《归去来图》

《隐居十六观图》等，山水、花鸟画流传下来的重要作品有《莲石图》《荷叶鸳鸯图》《花卉山鸟图》以及《杂画册》等。

石涛，广西全州人。他是明代靖江王朱赞仪的十世孙，少年时代为了躲避清兵的杀戮出家做了和尚。石涛在绘画上既是杰出的画家，又是伟大的理论家。他的画论《苦瓜和尚画语录》包含着极为丰富、精辟的美学思想，在中国绘画史上产生了深远的影响。他的绘画风格多样，题材广泛，其中山水画成就最大，其次是花卉画。

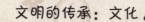

"文房四宝"指的是什么

  "文房四宝"是中国传统书画中所用的主要工具，指的是笔、墨、纸、砚。中国书画用的笔，是以竹、木等材料做笔管，以羊毛、黄鼠狼毛等做笔头而制成的毛笔。墨则有松烟墨、油烟墨和油松墨等种类，其中以用松树和桐油燃烧后遗留的烟灰所制的油烟墨最为常见。中国画用的纸是一种专用的名

为宣纸的柔韧纸张。砚是研墨的器具，大多由质地坚固细腻、磨出的墨汁均匀无渣的山石制成。

我国文房四宝最著名的产品为浙江湖州的"湖笔"、安徽徽州的"徽墨"、安徽宣城的"宣纸"和广东肇庆的"端砚"。

我国历史上有哪些著名书法家

　　我国的书法源远流长，历代书法家为我们留下了宝贵的文化遗产，诸如"颜体""柳体""赵体"等。那你知道我国古代都有哪些书法名家吗？

　　王羲之：东晋杰出的书法家，擅长各类字体。草书清雅俊逸，楷书势巧形密，行书劲健多变。

　　欧阳询：唐初书法家，楷书最为出色，独创"欧体"，以平正中见险峻、肥瘦适中、笔法严谨的特点名闻天下。

　　虞世南：唐初书法家，其正楷与欧阳

询齐名。

颜真卿：唐代书法家，擅用篆书笔意写楷书。他所创的"颜体"以秀劲腴润、顿挫分明的特点，被后人奉为习书之楷模。

怀素：唐代书法家，以"狂草"出名。

柳公权：唐代书法家，擅长楷书。他所创的"柳体"瘦挺遒劲、顿挫清晰，多为初学者所习。

黄庭坚：北宋书法家，擅长行书和草书，与苏轼、蔡襄、米芾并称为"宋四家"。

赵孟頫：元代书法名家，擅写楷书和行书，其书法被称为"赵体"。

祝允明：明代书法家，擅长楷书和草书，与唐寅、文徵明、徐祯卿并称为"吴中四才子"。

我国有哪些著名的书法碑帖

《石鼓文》：我国现存最古老的石刻文字，是用大篆在10块鼓形石上分刻的四言诗，记述秦国君游猎的情况。

《泰山石刻》：秦始皇二十八年（前219年）登泰山颂扬秦德的刻石。相传是李斯所书。

《龙门二十品》：北魏龙门造像的统称，计20种。

《孔子庙堂碑》：唐碑，虞世南撰并书。

《九成宫醴泉铭》：唐代

楷书名家欧阳询所书，魏徵撰文。

《麻姑仙坛记》：唐代楷书名家颜真卿撰文并书，为颜书代表作之一，与其齐名的还有《多宝塔碑》。

《玄秘塔碑》：著名柳书之一。唐代裴休撰文，柳公权书。

《乐毅论》：东晋王羲之书，著名的小楷法帖。

《兰亭序》：著名行书法帖，为王羲之生平得意之作。

《曹娥碑》：现通行的小楷本，相传为王羲之书。

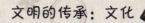

音乐

　　大约在 35000 年前就产生了音乐，当时人类单调的哼唱声被认为是最早的音乐。后来有专门研究音乐的人，他们精心地把各种声音用特殊的符号记录下来，组成规律、悦耳的形式供人欣赏，逐步形成了传统的音乐。音符是音乐的起点。一个音符是音乐家通过乐器或人的声音创造出来的有规律的空气震动，这种规律性震动就构成了音乐的一个小节或单元。

　　人们之所以喜欢在工作、学习之余听听轻音乐，是因为它比较浅显通俗，能使人直接感受到音乐旋律的优美，不像听交响乐那样，要进行复杂的思维活动，要了解作品的时代背

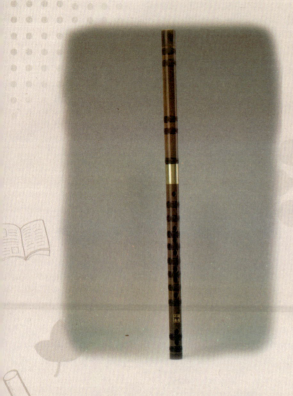

景、作曲家的创作意图，要分析作品的各个主题、乐章及段落，要细细体会音乐的内在含意等。轻音乐本身也是个万紫千红的百花园，优美的抒情歌曲、明快悦耳的舞曲、轻松活泼的器乐曲，还有民间乐曲、影视插曲等，都是轻音乐百花园中的朵朵鲜花。我国的民族音乐多属于轻音乐。

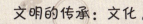

五线谱是怎么来的

　　五线谱是用五条横线来记载音乐的一种记谱法。它的出现至今已有一千多年的历史。10世纪，法国人古多用四条横线来记载音乐。这个发明几乎震动了整个欧洲。当时的罗马教皇知道之后，立即将古多召到罗马，并命他把罗马教堂收藏的乐谱，用古多式的记谱法改记。

当时古多式的记谱法还很不完善，连拍号、小节线条都没有。直到 17 世纪初，人们将四条横线改为五条横线，又增加了一些记谱符号，才正式形成了五线谱体系，并被世界各国普遍采用。

为什么很多人都喜欢听轻音乐

　　在我们周围很多人都喜欢听轻音乐。什么是轻音乐呢？轻音乐就是音乐的一种形式，以其轻巧、明快、抒情、富有生活情趣的艺术特点为广大人民所喜爱。它包括通俗歌曲、抒情歌曲、诙谐歌曲、轻歌剧、小夜曲及管弦乐曲等，通常由小型乐队在室内演奏。

　　轻音乐的主要特点就是"轻"，也就是轻松活泼。它形式多样，内容单纯简单，旋律悠扬，演奏自由灵活，既没有复杂的戏剧性内容，也没有复杂的乐队配器。人们在紧张的工作、学习之余，听听轻音乐，不用太费脑筋就能得到美的享受，还可以放松精神，消除疲劳，促进身心健康。

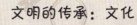

什么叫交响乐

20世纪初，许多国家的大城市都有管弦乐队，他们演奏的大型管弦音乐就叫作交响乐。交响乐队使用的乐器都是管弦乐器，包括弦乐器、木管乐器、铜管乐器和打击乐器四部分，每个部分都有作曲家为其谱写的乐曲，各个部分的演奏组合起来就形成了协调、丰富、优美的交响乐。

我国的民族乐器有哪些

我国的民族音乐有着悠久的历史，也相继产生了很多的民族乐器。我国的民族乐器是劳动人民用智慧创造出来的，但很多都渐渐失传了，现在仅存的只有两百多种。

在很久以前，我国古人就根据乐器制作材料的不同，将乐器分为八类，也就是我们所说的八音。比如用铜制成的锣和钹，称为金类乐器；用特殊石头制成的磬，称为石类乐器；装有琴弦的琴、瑟，称为丝类乐器；用竹子做成的笛、箫，称为竹类乐器；用一种大葫芦制成的笙，称为匏类乐器；用陶土烧制成的埙，

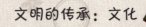

称为土类乐器；用皮革制作成的鼓，称为革类乐器。此外，还有木类乐器。

经过几千年的流传，石类乐器和土类乐器几乎绝迹，其他乐器广泛地发展，形成了品种繁多的民族乐器。

舞蹈对现代生活有什么影响

　　舞蹈是人类最早创造的艺术形式，在没有语言和文字时就出现了。人们用有节奏的击掌和跺脚打拍子，创造了最原始的舞蹈。在欧洲、美洲、亚洲、非洲等地区，考古学家都发现了原始人类居住的岩洞里有裸体舞蹈的壁画、雕刻和彩陶。原来，古人也常常会用舞蹈来表达喜悦的心情，说明舞蹈自古就是人类重要的娱乐活动。

　　现代的舞蹈作为艺术形式的一种，也源于人们

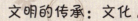

的实际生活。舞蹈不仅是用肢体表达快乐心情的方式，当我们在生活中有了怒哀忧思时，也可以用舞蹈来表达。我们在跳舞的过程中，不仅可以得到美的享受，还可以锻炼身体。

欣赏舞蹈也是一种美的享受。舞蹈是演员对生活加以艺术想象形成的，所以舞蹈比生活中的事物更完美。在欣赏舞蹈时，可以从演员夸张的动作联想到更多更美的东西，得到艺术上的升华。

你知道多少种国际电影节

国际上经常举办各种电影节，并在各国的参展、参赛作品中，评出优秀的作品公布于众。国际上有名的电影节有：法国的戛纳电影节，颁发的是"金棕榈奖"；德国的柏林电影节，颁发的是"金熊奖"；意大利威尼斯国际电影节，是世界上第一个电影节，创办于1932年，颁发的是"金狮奖"。此外，还有埃及的开罗国际电影节、菲律宾的马尼拉国际电影节，也都是国际上较有名的电影节。

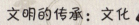

电影的开端是什么

电影成为有审美欣赏价值的艺术形式，是从电影的青少年时代——无声电影开始的。无声电影在20世纪初曾轰动一时，被称为"伟大的哑巴"。这个"伟大的哑巴"至今还以独特的魅力吸引

着我们，如《摩登时代》《淘金记》《城市之光》《母亲》《卡里加里博士》等，都是百看不厌的著名无声电影。无声电影大师卓别林的大名家喻户晓，他的无声电影征服了全人类，成为人类艺术宝库中的一份珍贵财产。

无声电影在艺术上精益求精，它不靠语言——台词，而是靠动作、画面等电影语言取胜。有些电影艺术理论家、电影史

家更偏爱和推崇无声电影，因为它很少有戏剧因素，更合乎电影的本性，更像纯粹的电影，它拥有有声电影无法替代的魅力。无声电影不靠半句台词，仅以动作、画面，就可以叙述完整的故事，刻画出

生动的人物形象，表现深刻的主题，具有优美或壮美等不同的风格，确实有它了不起的地方。无声电影的某些艺术成就是后人难以达到的。

你知道"蒙太奇"吗

在电影院里看电影，我们可以从不同的镜头画面上看到丰富的故事内容，所以虽然电影只有短短的一两个小时，却可以讲述历时几十年的事情或是千里之外发生的事情。这一切，都归功于电影艺术的叙述方式——"蒙太奇"。

"蒙太奇"三个字是由法语音译过来的，它的意思是组合、装配，它是电影艺术最重要的也是最主要的手段。采用"蒙太奇"的

手法，拍电影时可以将不同场合拍的镜头连在一起，同时交叉放出，获得不同时空、不同内容的强烈对比效果；还可以将同一场合拍摄的各人的不同表情连在一起对比放出，获得同一内容更细致的对照。这样，作为视觉艺术的电影就产生了极为丰富的表现力。

什么是皮影戏

　　皮影戏起源于我国的汉代。宋代时，皮影戏非常流行，先是流传到了南洋，后来又传到了西亚和欧洲。

　　皮影戏又叫驴皮影。它是把兽皮雕刻成有镂空花纹的影人，用灯光照射，在幕布上映出人影，演出戏剧故事的一种艺

术形式。演员在幕后
操纵，并演唱地方戏
曲，观众在幕前观看。
影人一般高三十厘米
左右，身上的许多关
节处都用线连接，可
以活动。幕后的演员
拉着线，让影人做出
简单的点头、弯腰、
举手等动作。由于影
像只能左右移动，所
以影人造型一般都是
侧面的。

什么是电影特技

　　电影特技是指电影的特殊摄影技巧。特技摄影是电影艺术的一种独特的创作手段。它不同于普通摄影，它的特点在于：第一，摄影时虽然是用普通的摄影设备，但工作状态是非正常的，它可以倒拍、停机再拍、逐格拍摄、快（高）速摄影等。第二，以假代真。以模型、绘画或照片资料等替代实景作为拍

摄对象。第三，全
程摄影。以绘画、
模型、照片等布景
合成拍摄出银幕形
象。这样，特技摄
影便可获得非正常
的画面效果，如人
与物的飞腾跳跃、

被摄对象的倒行逆动等；还可以表现那些早已逝去的战争场面
和难以用实体拍摄的自然灾祸、天体宇宙以及现实生活中根本
不存在的仙境、鬼蜮等。

你知道"飞檐走壁"的秘密吗

　　喜欢看武打片的朋友们都知道故事片中无论是劫富济贫、武艺超群的大侠，还是恶贯满盈、阴险狡诈的强盗，大多都能飞檐走壁。而我们熟悉的扮演这些角色的演员平日里都忙着演艺事业，那么，他们又是何时练就了这一身好本领呢？事实上，

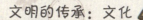

是经过导演和摄影师们的技术处理，才使他们在电影中成为武林好汉的。

在正常拍摄中，胶片是以每秒钟24格画面的速度从摄影机中自上而下地通过曝光窗口进行曝光的，经过洗印后的拷贝也以同样的速度和方向从放映机窗口通过，这样，观众在银幕上看到的就是一个正常的人体动作。如果拍摄时，摄影机倒向运转，使影片自下而上地运行，而放映时仍按正常的方向自上向下地放映，结果就可以使动作呈反向。本来从楼上跳下落地

的人就会变成平地一跃飞上楼顶的武林高手，从杯中倒出的水就会自动收回到杯中，小溪或瀑布也会向山顶倒流……这种拍摄方式如果再加上高速拍摄、常速放映，效果就会更加奥妙无穷。

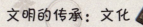
我国有哪些主要戏曲剧种

我国的戏曲历史悠久，地方戏曲繁多。除了京剧在全国流传广泛外，其他戏曲剧种多以地方性存在为主。四川人经常唱川剧，浙江东部地区主要唱越剧，江苏无锡唱的是锡剧，扬州唱的是扬剧，广东唱的是粤剧，河南唱的是豫

67

剧，安徽唱的是黄梅戏，湖南唱的是花鼓戏……一般地方戏的

听众也是当地人，外地人很难听懂。

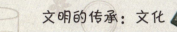

为什么戏曲舞台上曹操是白脸

在戏曲舞台上，曹操出场时脸上都涂满了白色的油彩，这是历史人物的原型吗？当然不是。这个白脸是为了突出曹操的性格，使人物更加形象生动，更有艺术性。

在这里，我们不以好人和坏人来评价曹操。首先，曹操是一个军事家，他指挥的官渡之战以一万人打败十万敌军，是以少胜多的著名战役。其次，他是一个文学家，他的《观沧海》《短歌行》等很多作品都被世人传诵。最后，他还是杰出的政治家，他

在治理国家方面很有方略。但是曹操也是一名狡诈的阴谋家、大奸臣。当《三国演义》的故事被搬上戏曲舞台后，人们对曹操的骂声更多了。

戏曲演员在出场之前，都要使用各种颜料化装。在戏曲化装使用的色彩中，人们渐渐习惯了用红色代表忠勇，黑色代表粗直，白色代表奸诈。于是，在戏曲舞台上，就有了白脸的曹操和黑脸的包公。

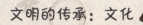

京剧为什么被称为"国剧"

戏曲是我国传统的戏剧形式，它将文学、音乐、舞蹈、武术、舞台美术及表演等融为一体，是一种综合性艺术。我国戏曲艺术历史悠久、品种繁多，据统计共有436个剧种。在436个剧种中，京剧的形成有它的特殊性：第一，一般

戏曲剧种都有较强的地域特点，首先表现在唱、念语言的地方色彩上，如黄梅戏、越剧等。而京剧则不然，虽然京剧形成于北方，但唱、念都以湖广音为基础，北京音的比重不大。第二，

一般戏曲剧种的音乐都是在当地民歌、说唱或歌舞音乐的基础上形成和发展起来的，或某一种声腔流传到当地，与本地区的音调相结合而形成的。京剧的情况不同，它的主要声腔是从徽、

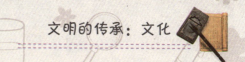

汉、昆剧等剧种中继承过来的，就其音乐整体来说，地方色彩不重。第三，由于京剧继承了徽、汉、昆剧，梆子戏等的剧目和表演形式，而这些剧目和表演形式在京剧形成以前就已经达到相当高的成熟度，所以京剧一经形成就显示了强大的生命力，迅速成为全国性的大剧种。

建国以后，由于贯彻"百花齐放、推陈出新"的文艺方针，京剧得到迅速的发展，涌现出许多现代题材的剧目。京剧音乐的表现形式也越来越丰富，除了传统的独唱、对唱形式外，还出现了伴唱、重唱、合唱等新的表现形式。演奏乐器随着民乐乐器和西乐乐器的相继引进，队伍不断扩大，伴奏手法也有了新的变化。京剧不仅发展较快，而且流传也较广。目前除西藏以外，全国各省都有京剧的专业演出团体，京剧已成为我国流传最广、影响最大的戏曲剧种。

京剧不仅在国内享有"国剧"之称，而且在国外也享有盛誉。早在1919年、1930年和1936年，我国著名的京剧表演艺术大师梅兰芳就曾率团出访了日本、美国和苏联，以梅派为代表的京剧表演艺术已被誉为世界三大表演体系之一。现在，

许多国家都有京剧业余演唱团体，研究京剧艺术的人也越来越多。在美国的一些大学里，还专门设立了京剧系。随着中外文化艺术交流的发展，京剧在国外已拥有了众多的观众。

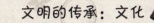

集邮有什么意义

集邮是一件令人轻松愉快、使人着迷的文化娱乐活动。精美的邮票被设计成艺术品，虽然面积小，但内容丰富，就像一部形式独特的百科全书，蕴藏了历史、地理、文化艺术、动物、植物等知识，具有很高的欣赏价值。所以，集邮可以陶冶性情，丰富知识构成。

世界上第一枚邮票是在 1840 年 5 月 1 日，由英国人罗

兰·希尔设计的。它的图案是 1837 年英国维多利亚女王 18 岁
登基时的侧面浮雕像。我国第一枚邮票是 1878 年发行的"海
关一次云龙邮票",也叫"大龙票"。

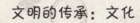

有没有印错的邮票

邮票发行面很广，使用量也很大，通常印制是很严谨的。但也有错误百出、令人哈哈大笑的邮票。

例如，1903年西班牙的圣·克利斯托菲岛发行的邮票上面印有哥伦布手拿望远镜眺望大海的画面。其实，望远镜是在哥伦布去世百年以后才被发明的。

在1927年，美国发行了纪念林白单独驾驶飞机穿越大西洋的邮票。上面印有北美洲和欧洲的地图，却把法国的首都巴黎印到一个深海湾里去了，结果引起了法国与美国的纠纷。

1937 年，法国发行纪念邮票——"微积分的父亲"，邮票上笛卡儿手中握着一本翻开的书。可是用放大镜仔细一看，《艳情玉女》的书名进入人们的视线，结果遭到笛卡儿后裔们的强烈斥责。

1944 年，美国发行了纪念第一条横贯美洲大陆的铁路正式运行的邮票，上面的火车头喷出的烟尘飘向右侧，然而车头前的国旗却向左边迎风招展，很显然风向相反。

1951 年，波兰发行了巴黎公社纪念邮票，结果姓名及生卒年月都很全的军事家雅罗斯拉夫的肖像却被当代音乐家亨利克代替了。

1961 年，中国发行的《中国共产党成立四十周年》的纪念邮票，错把"八一"南昌起义指挥部的四层大楼画成了三层。

虽然这些邮票存在差错，可是由于奇货可居，它们最终反而成了价值不菲的纪念品。

什么是魔术

　　魔术就是我们通常所说的变戏法，它是马戏团和杂技团里十分受欢迎的节目。在魔术表演中，魔术师往往通过一些"障眼法"和一些不可思议的动作，营造出一些让观众感到目瞪口呆的表演效果，使观众得到愉悦的感受。

　　随着科技的发展，魔术也得到了发展。现在的魔术师可以利用声、光、电造成的幻觉，表演许多让观众瞠目结舌的节目，如大变活人、把人从中间锯开、让汽车等庞然大物在观众眼

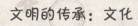

前瞬间出现和消失等。

　　魔术虽然好看好玩，但追根究底都不是真的，我们千万不能太当真，轻易地就去模仿。

象棋中为什么是五个卒子

在中国象棋中，红黑双方各有五个卒子，为什么设了五个呢？这与军队真实作战的情况是分不开的。根据有关资料显示，周朝军队的基本编制为伍，是由五个步兵组成的。作战兵器也由弓、殳、矛、戈、戟五种为一组配合使用。于是，把由五兵构成的作战整体反映到象棋里，就形成了五个卒子。

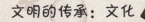

生日蜡烛为什么要吹灭

　　我们在过生日的时候，通常都是买一个蛋糕，上面插上与年龄相等的蜡烛，然后吹灭蜡烛，蛋糕由大家分享。那为什么要吹蜡烛呢？

　　过生日吹蜡烛的习俗来自古希腊。古希腊人非常崇拜月亮女神，每年在女神生日的那天，人们都要举行庆祝活动。在这一天，人们要做大大的蛋糕放在祭坛上，并且在蛋糕上面插好多蜡烛。随后，人们满怀着敬意，纷纷对女神祈祷。

再后来，希腊人在庆祝孩子的生日时也会做一块蛋糕，上面插上蜡烛。与以往不同的是，这次增加了吹蜡烛的过程。他们相信，在吹蜡烛之前许下一个愿望，然后一口气吹灭所有的蜡烛，便能如愿以偿。

现在，在世界各地，这一习俗已普遍流行。

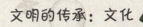

生肖为什么这样排列

十二生肖的排列顺序似乎是一成不变的。但为什么把老鼠排在第一，把猪排到最后呢？因为老鼠跑得最快吗？当然不是。据说这样的排列有两种说法。

一种说是按照这些动物足趾的奇偶来排列的。鼠趾长得

最奇特，同一只老鼠身上有单有双，所以就把它排在了第一位。按无趾同偶的原则，就是现在的四趾牛，五趾虎，四趾兔，五趾龙，无趾蛇，一趾马，四趾羊，五趾猴，四趾鸡，五趾狗，四趾猪。

　还有一种说是按古代的十二时辰与动物出没的时间排列的。子时的老鼠十分活跃，子就与鼠搭配了。丑时的牛正在倒嚼，为凌晨耕地作准备，因此就是丑牛。寅时的老虎最凶。卯时是凌晨5点以后，太阳还没有出来，月亮还在照耀着大地，因此，卯就与月宫中的玉兔搭配了。传说群龙行雨之时是在早晨7~8点，所以就定为辰龙。早晨9~10点，蛇还隐藏在草丛中，不在路上游走伤害人，因此定为巳蛇。午时的太阳当头，羊吃了未时的草，似乎

并不影响草的再生，就成了未羊。申时是下午将晚未晚的时候，猴子常在这时啼叫，还有一种说法是猴子擅长伸屈攀缘树木，"伸"和"申"谐音。酉时的鸡开始回窝。戌时是晚上7~9点，这时狗开始看家和守夜，戌时就属于狗了。亥时夜已深，猪睡得正熟，就与猪搭配了。

酒有几种香型

酒分为清香型、浓香型、窖香型、米香型和馥香型五种。

清香型：酒气十分清香，醇厚绵软，酒味十分纯净，其中以山西省汾阳县杏花村的汾酒为代表。

浓香型：酒气芳香浓郁，绵柔甘洌，入口甜，落口绵，尾子净，其中以四川省宜宾县的五粮液、泸州老窖为代表。

窖香型：酒气香而不艳，度数低而不淡，酒味幽香绵长，入杯的隔夜酒也不会散失香味，其中以贵州省仁怀县茅台镇的茅台

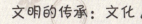

酒为代表。

米香型：米香且清柔、纯净，入口十分绵软，口味甘甜，其中以桂林的三花酒为代表。

馥香型：两种以上主体香的白酒，有一酒多香的风味，也叫兼香型，其中以凌川的白酒为代表。